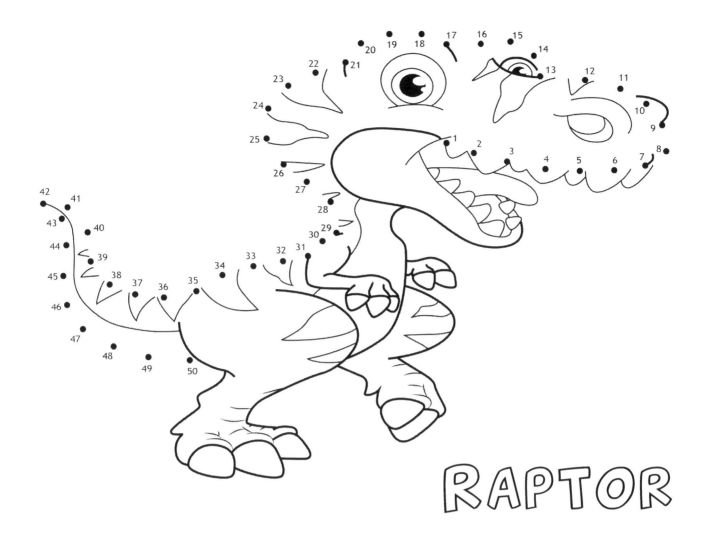
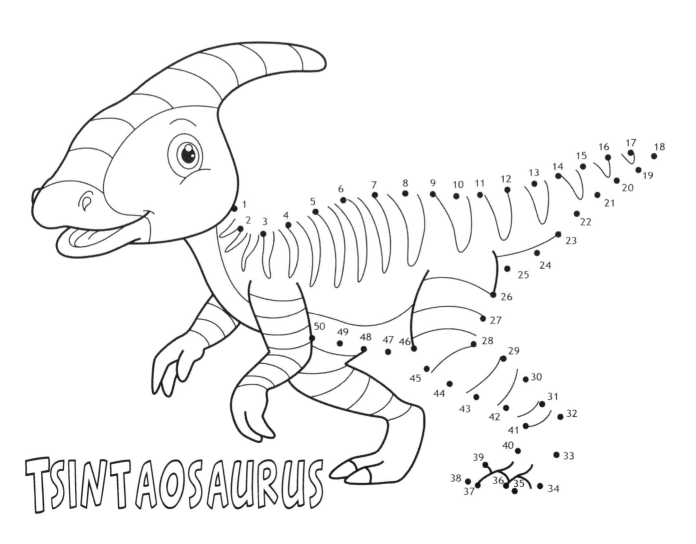

AGUJACERATOPS

MAMENCHISAURUS

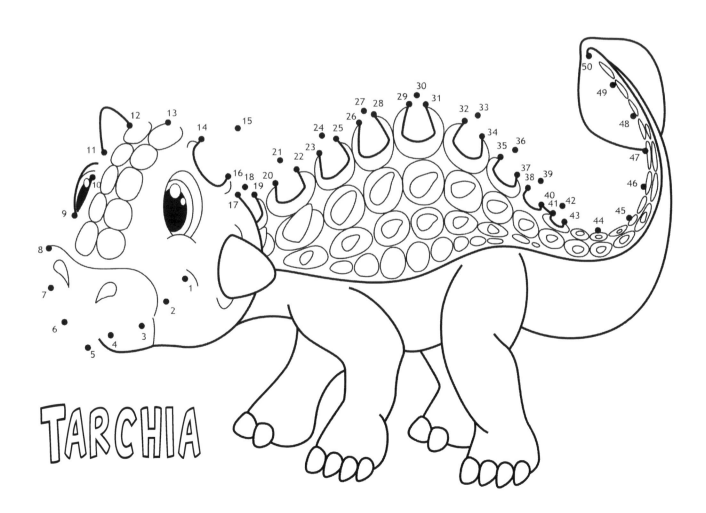

SUPERSAURUS

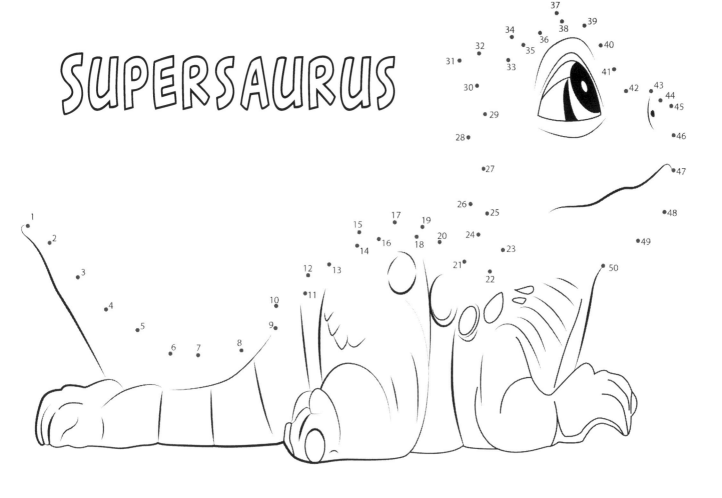

STYRACOSAURUS

FINDEST DU DEN WEG ZUM EI?

FINDE DEN RICHTIGEN WEG ZUR HÖHLE!

Stegosaurus

Ampelosaurus

MICRORAPTOR

TYRANNOSAURUS REX

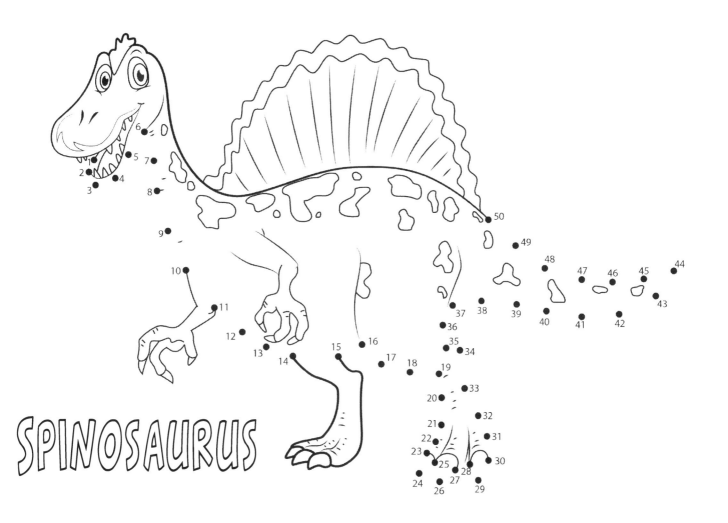

SPINOSAURUS

TRICERATOPS

ALLOSAURUS

DACENTRURUS

DIPLODOCUS

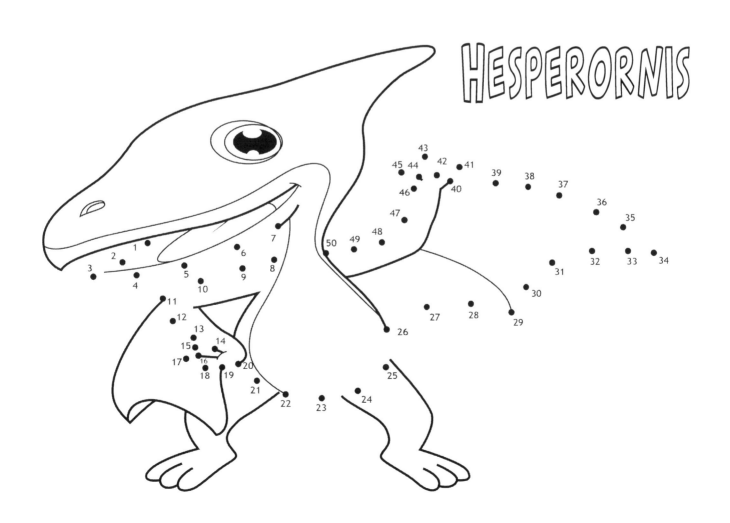

HESPERORNIS

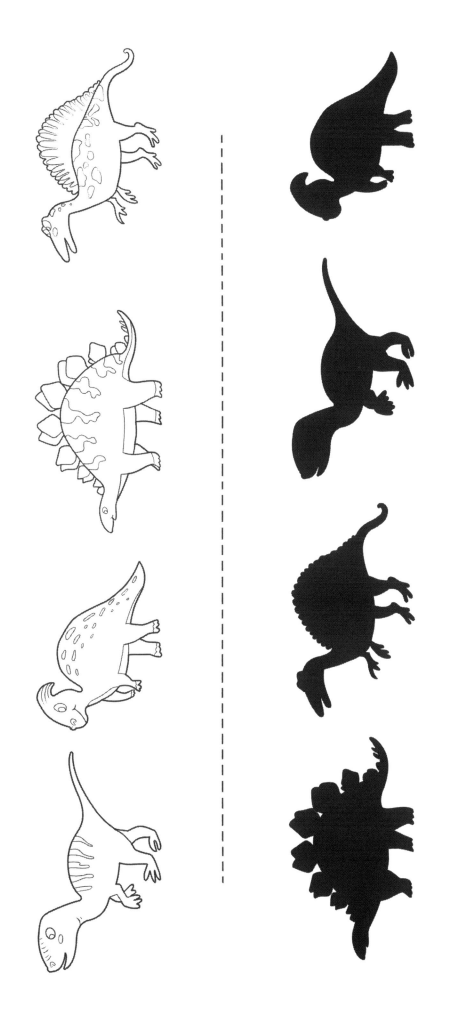

FINDEST DU DEN WEG ZUM MOND?

SHUNOSAURUS

SALTASAURUS

TIAMAT

TENONTOSAURUS

GIGANTSPINOSAURUS

JORMUNGANDR

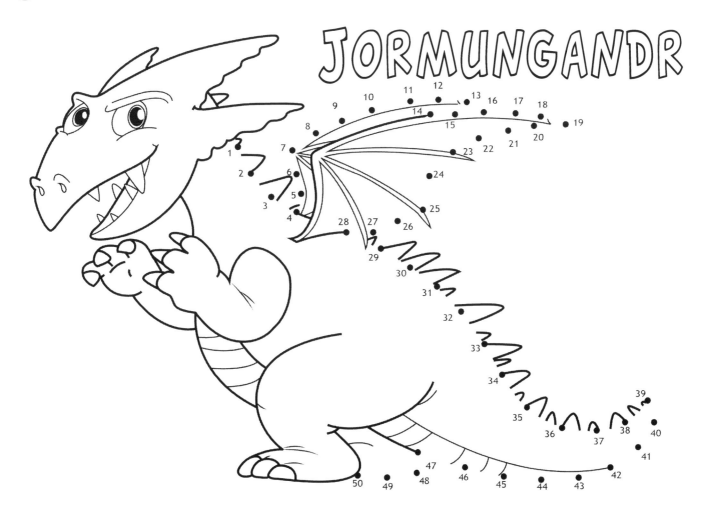

TOOTHLESS

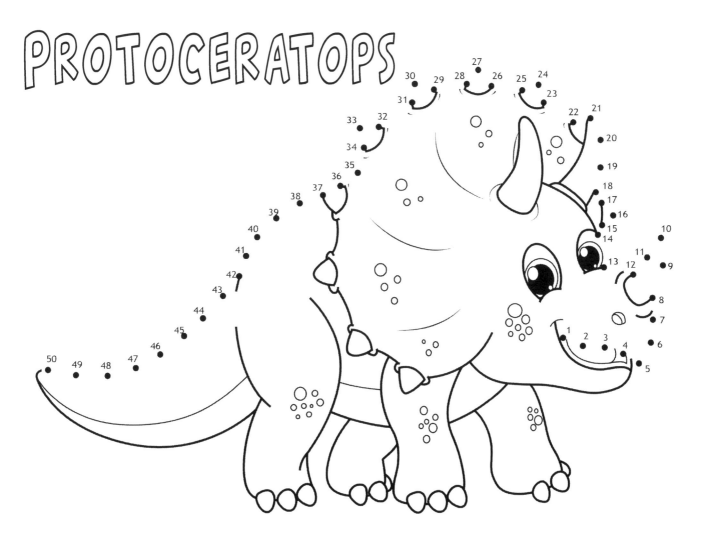

PROTOCERATOPS

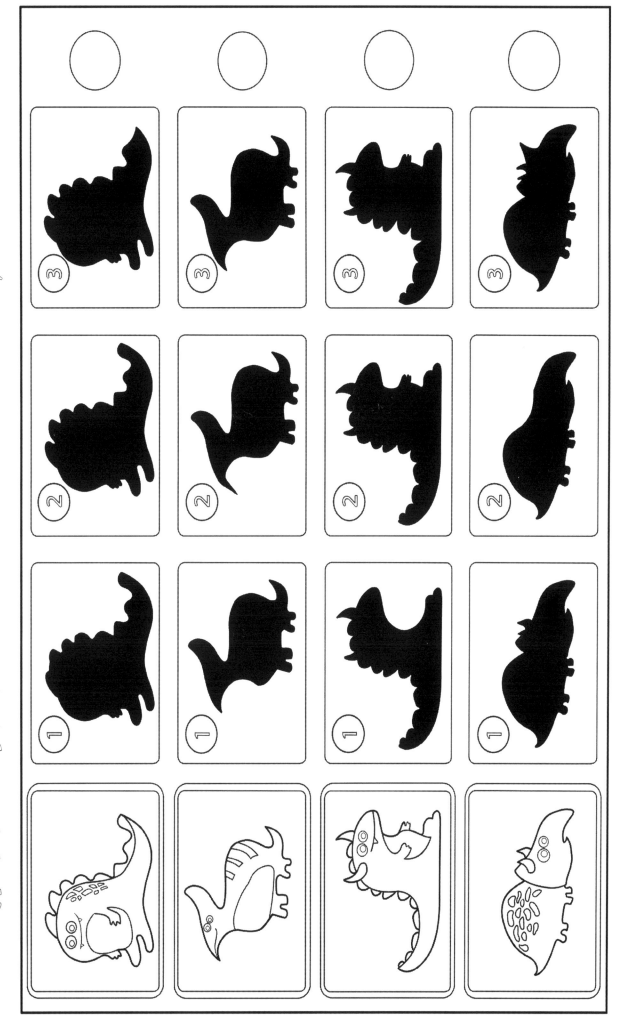

ZEIGE DEM BABY-DINO DEN RICHTIGEN WEG ZUR MAMA!

HUAYANGOSAURUS

CHUNGKINGOSAURUS

TARCHIA

IGUANODON

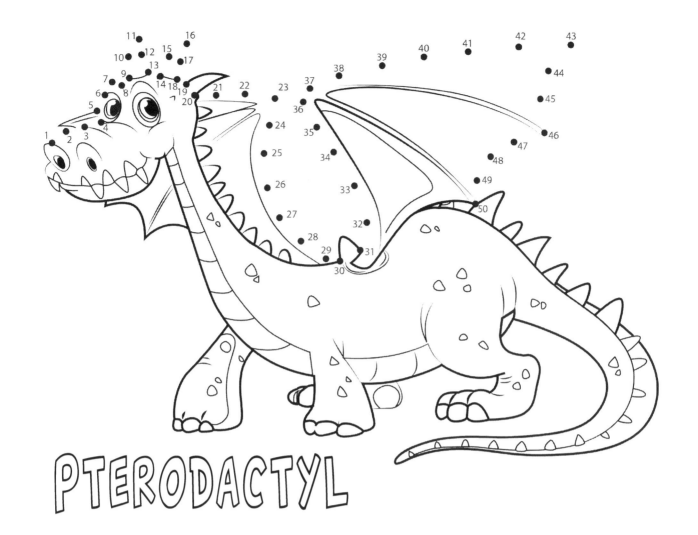

PTERODACTYL

NOTHOSAURUS

HAST DU EINE IDEE, WIE PAPA-DINO ZU SEINEM SOHN GELANGEN KANN?

SCHAFFST DU ES, DEN GEHEIMEN PFAD ZU DEN EIERN ZU FINDEN?

SHENRON

EDMONTONIA

TOROSAURUS

CERATOSAURUS

QUETZALCOATL

GIGANTSPINOSAURUS

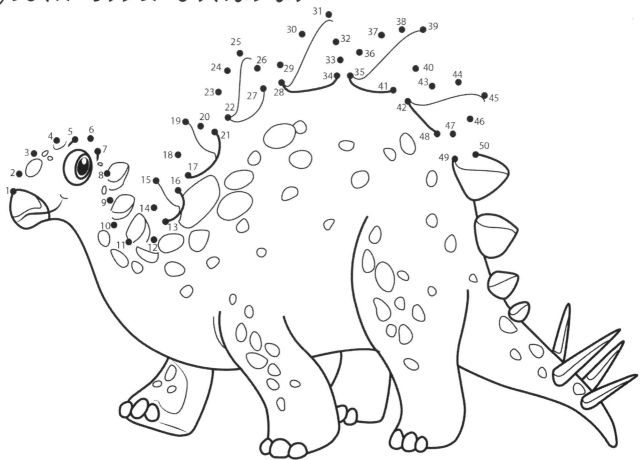

GIBT ES EINEN WEG, DER AN DEN FLAUSCHIGEN WOLKEN VORBEIFÜHRT UND ZU DEN KINDERN FÜHRT?

BARYONYX

ZMEY GORYNYCH

APALALA

ANKYLOSAURUS

DEINONYCHUS

ZALMOXES

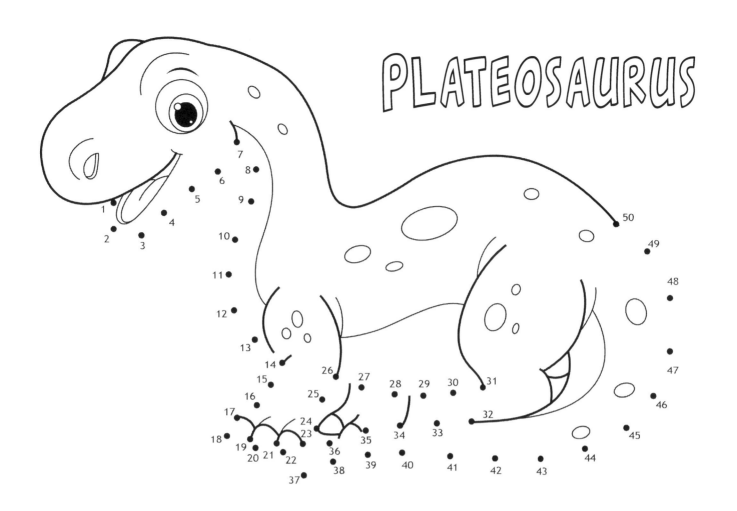

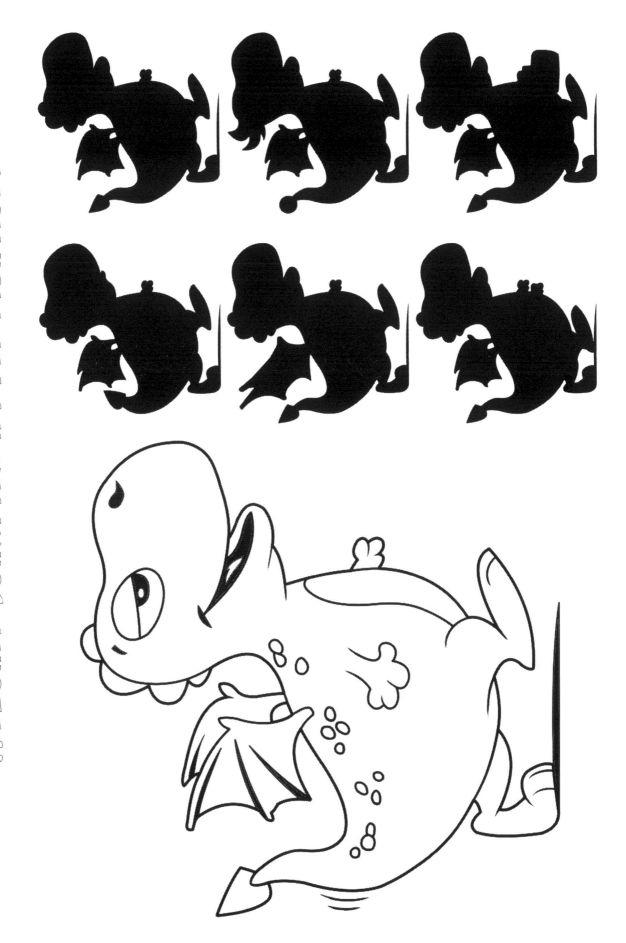

Wie kommt die Brontosaurus-Mama zum Kind?

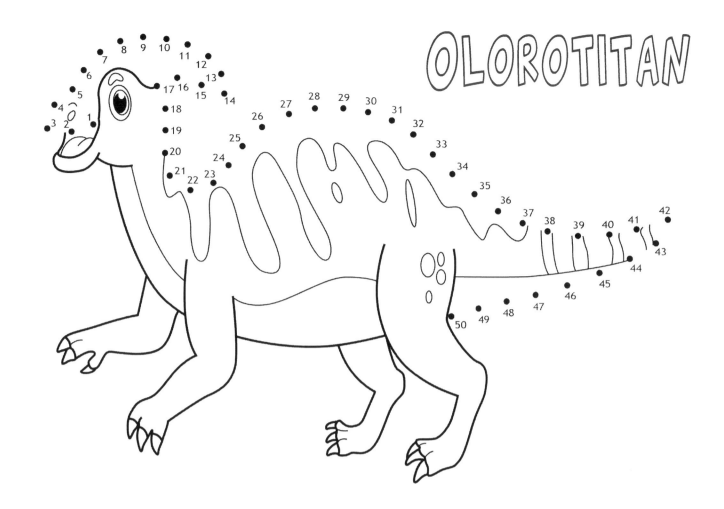

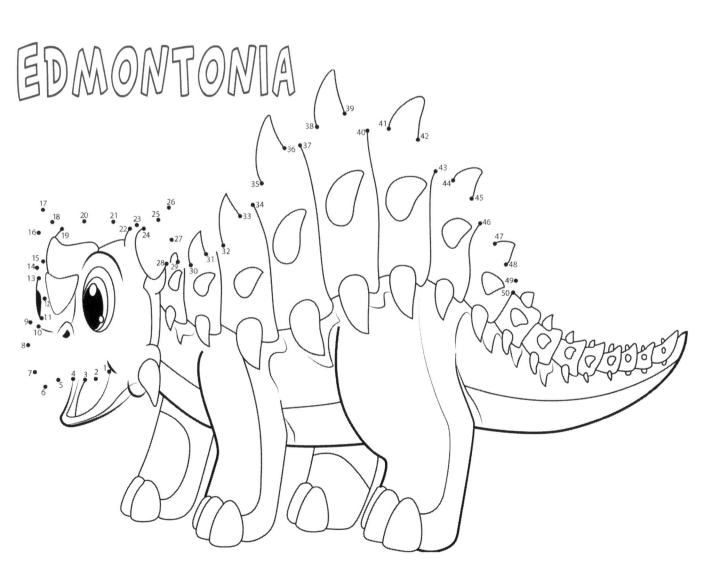

WUERHOSAURUS

STAURIKOSAURUS

ELASMOSAURUS

TUOJIANGOSAURUS

GLAUBST DU, DU KANNST DEN WEG DURCH DEN WILDEN URWALD FINDEN, DER ZUM NEST FÜHRT?

FINDE DEN KÜRZESTEN WEG ZUM BABY-DINO!

CENTROSAURUS

DRACO

MUSHU

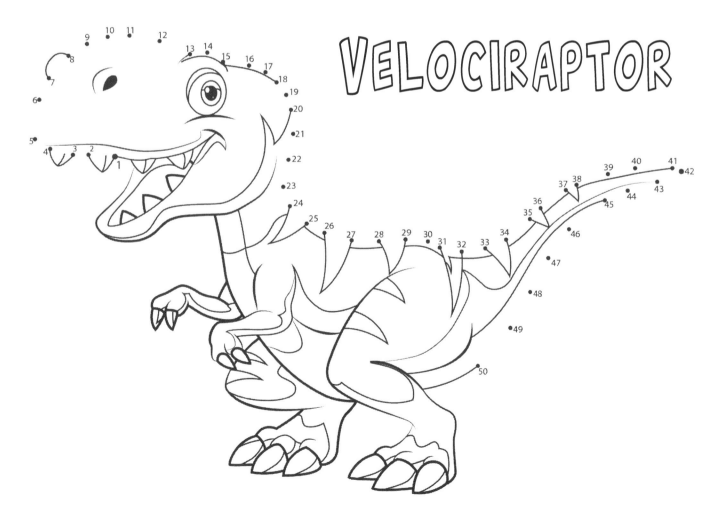

VELOCIRAPTOR

PTERODACTYL

HYPACROSAURUS

HAST DU EINE IDEE, WIE ER DEN DINO-DSCHUNGEL SICHER DURCHQUEREN KANN?

WIE KOMMT DER T-REX ZUR SKATERRAMPE?

SMAUG

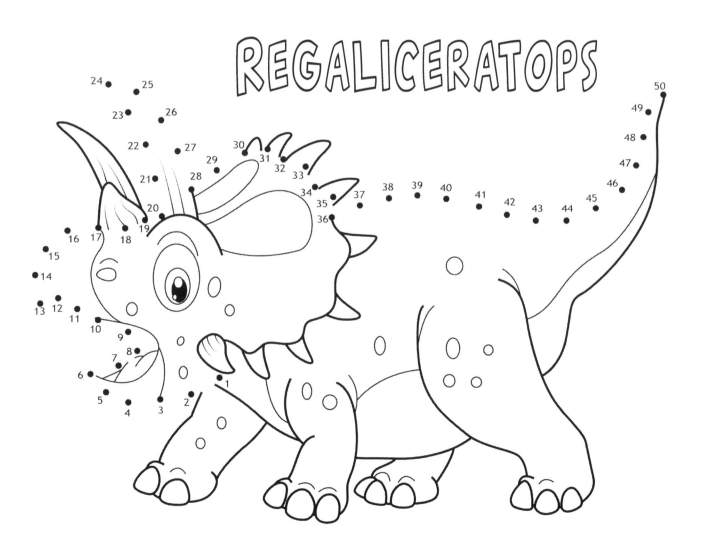

REGALICERATOPS

PARASAUROLOPHUS

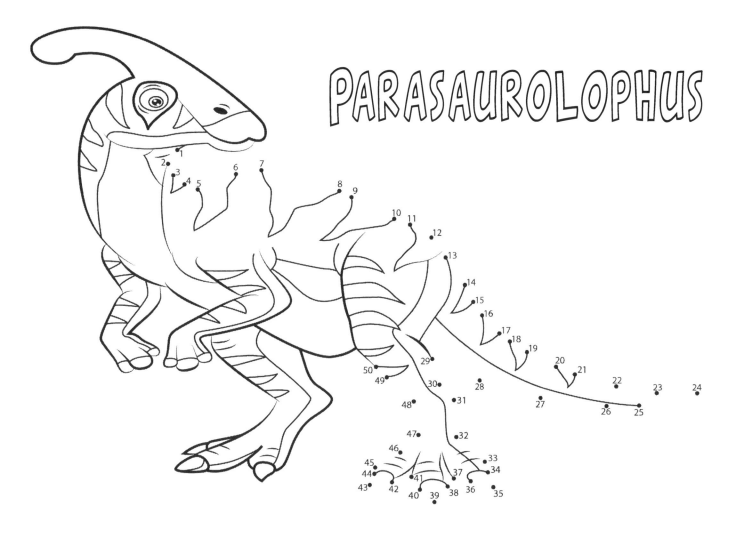

CEDARPELTA

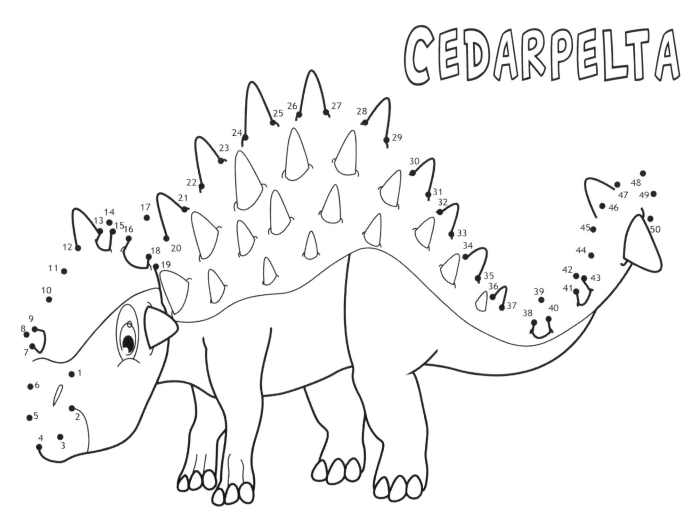

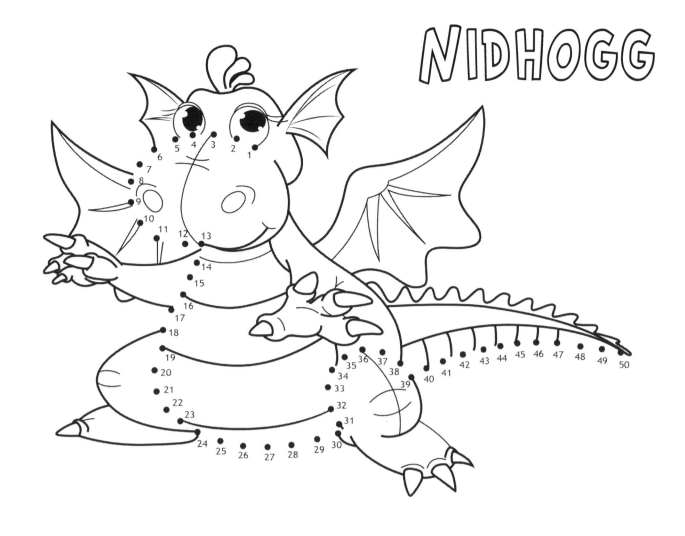

ZEIGST DU DEM PLANTEOSAURUS WIE ER ZUM ESSEN KOMMT?

EUOPLOCEPHALUS

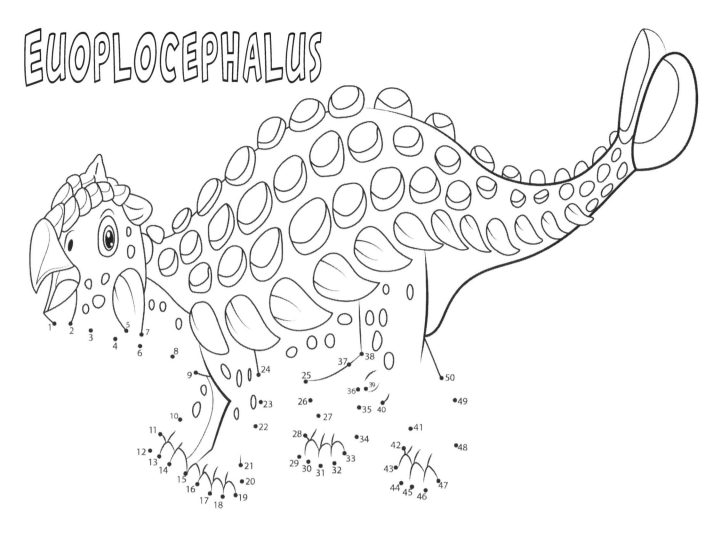

SAUROPELTA

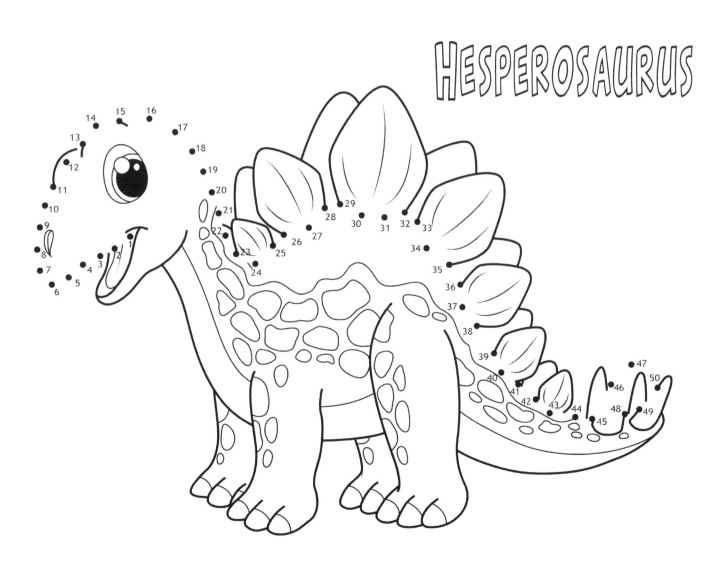

CHASMOSAURUS

LEVIATHAN

WIE KOMMT TRICERATOPS ZUM NEST?

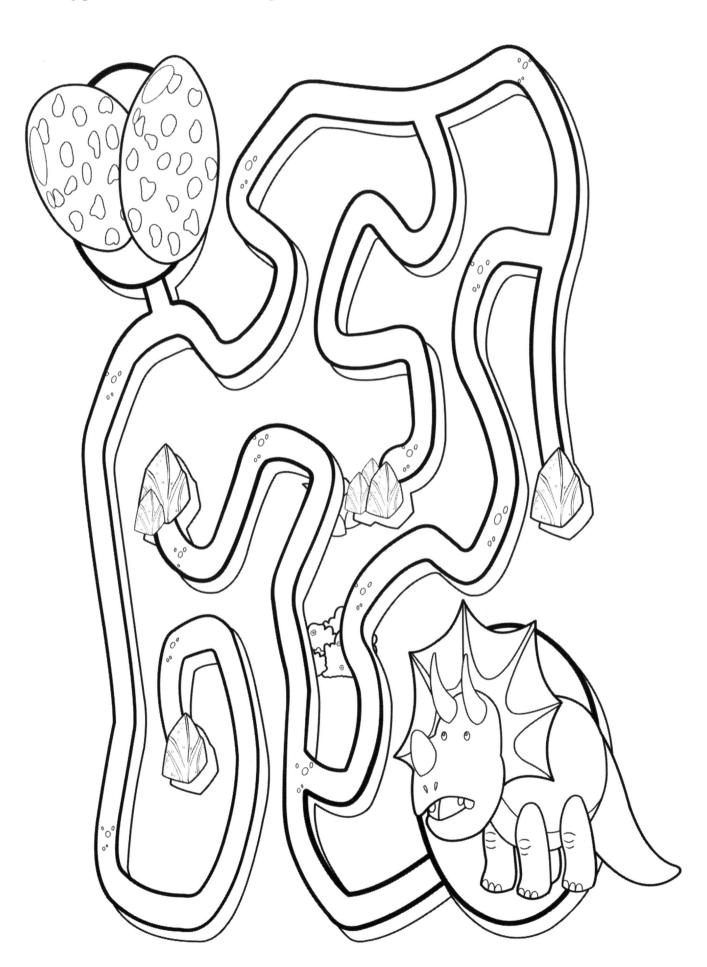

CAMARASAURUS

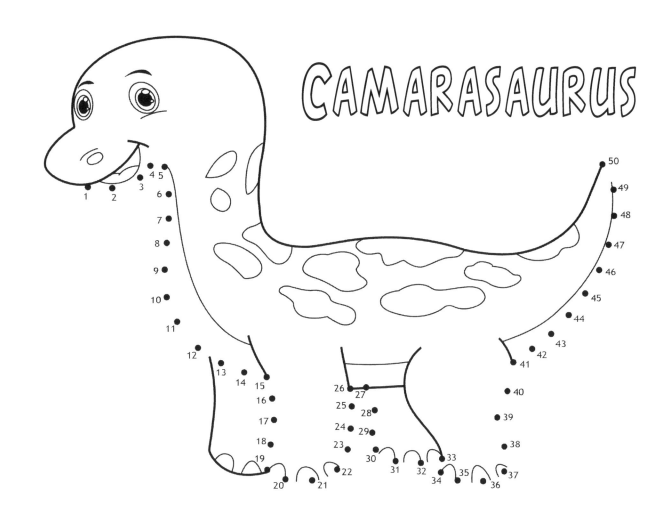

MOSASAURUS

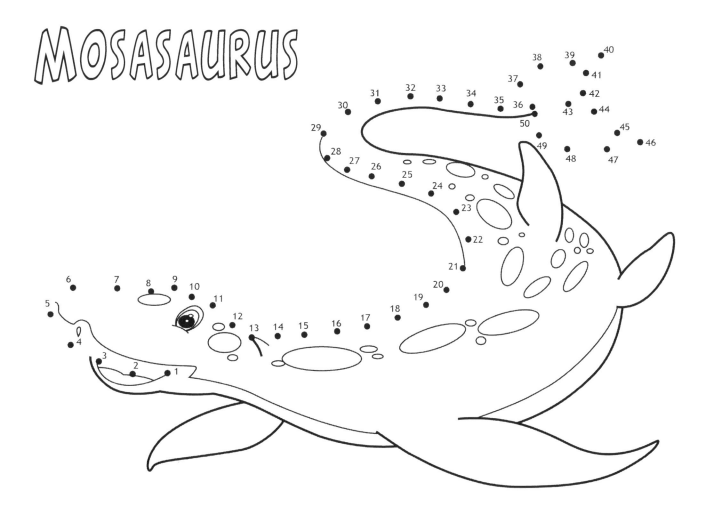

PACHYRHINOSAURUS

CHARONOSAURUS

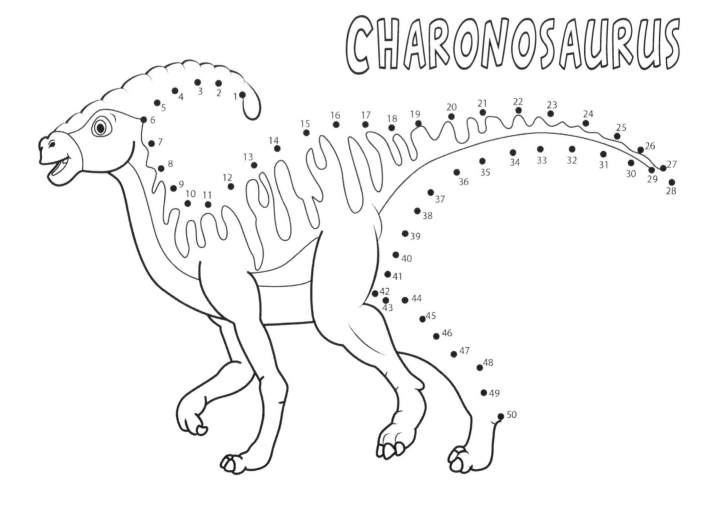

BRACHIOSAURUS

PLESIOSAURUS

WEIẞT DU, WIE ALLE 4 DINOS ZUM NEST KOMMEN?

ZEIGE DEM DINO DEN PFAD ZUM NEST!

SIGILMASSASAURUS

NASUTOCERATOPS

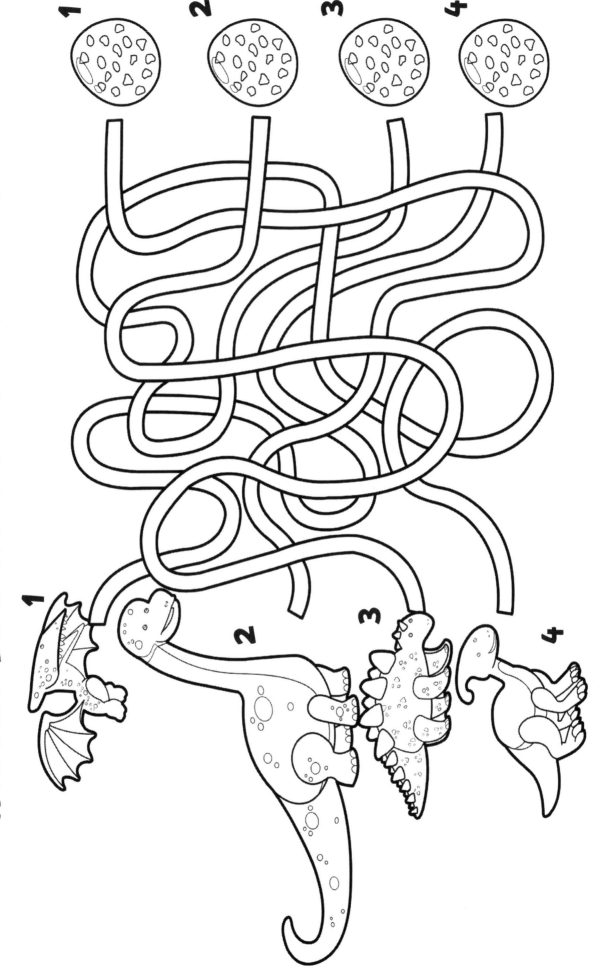

RHAEGAL

PACHYCEPHALOSAURUS

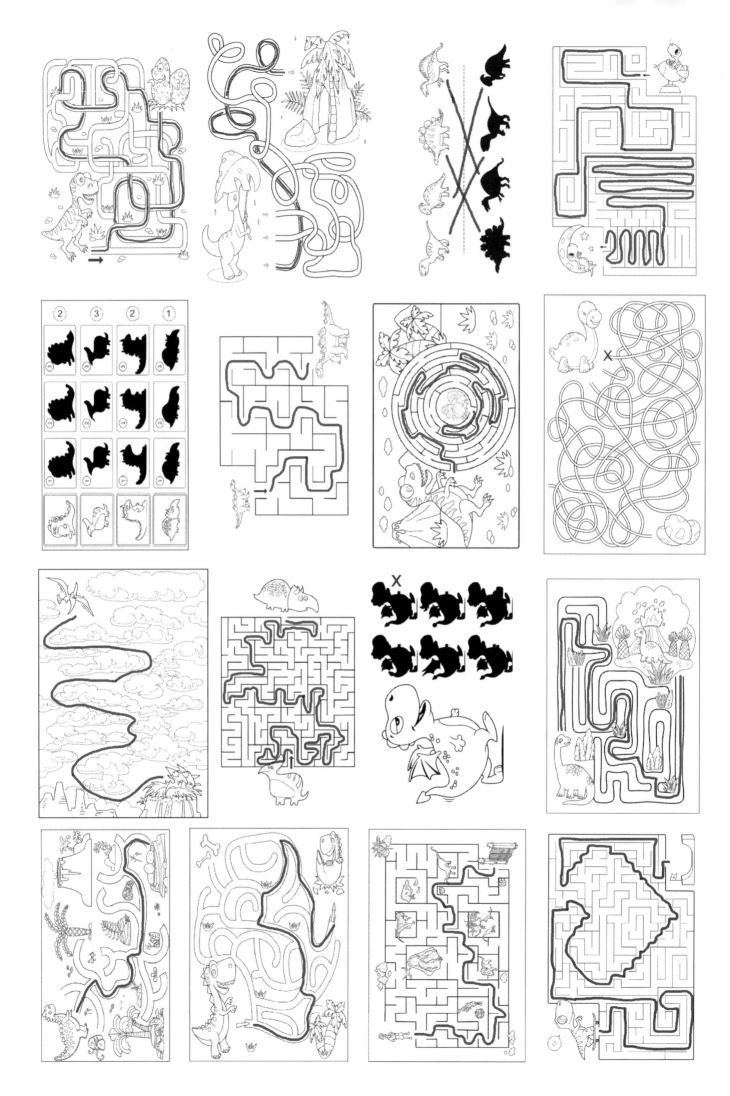

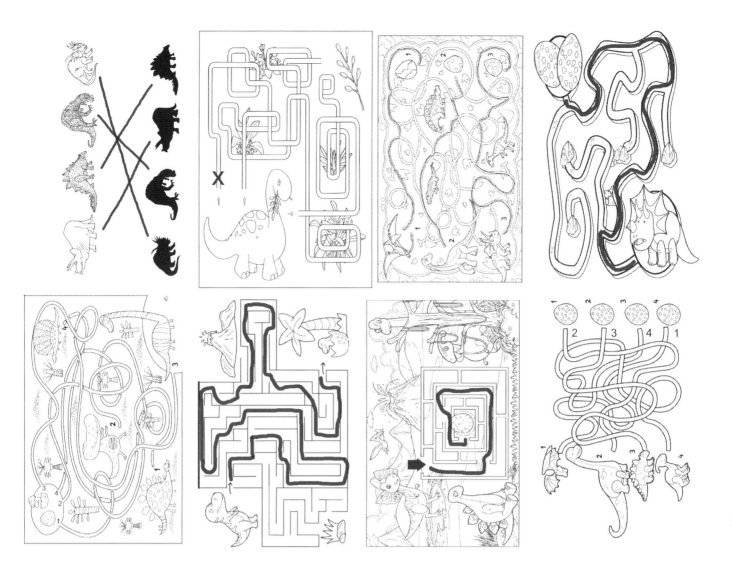

Malen pur.

Die neuen Malbücher – kreatives Malen für jedes Alter

Malen pur.

Die neuen Malbücher – kreatives Malen für jedes Alter

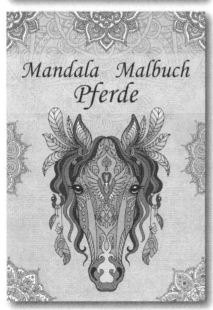

Malen pur.

Die neuen Malbücher – kreatives Malen für jedes Alter

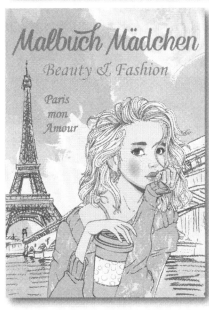

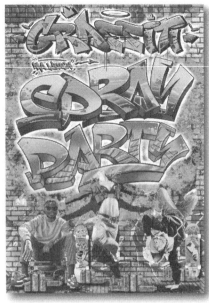

Impressum

ISBN 978-3-98657-050-7

© 2023 dhamma Verlag

Herausgeber: Mickey Müller
dhamma Verlag
Avenariusstr. 48
90409 Nürnberg

Homepage: www.dhamma-verlag.de
Email: info@dhamma-verlag.de

Druck: Amazon Print-on-Demand

Alle Rechte vorbehalten. Das Werk einschließlich aller seiner Teile ist urheberrechtlich geschützt. Jede Verwendung außerhalb der engen Grenzen des Urheberrechtsgesetzes ist ohne schriftliche Zustimmung des Verlags unzulässig und strafbar. Dies gilt insbesondere für Vervielfältigungen, Übersetzungen, Mikroverfilmungen und die Einspeicherung und Verarbeitung in elektronischen Systemen.

Weitere Malbücher auf unserer Homepage:

www.dhamma-verlag.de

Printed in Poland
by Amazon Fulfillment
Poland Sp. z o.o., Wrocław